les desserts

POMMES RÔTIES AU ROMARIN

POMMES RÔTIES AU ROMARIN

Marché pour 4 personnes
Préparation : 5 min   Cuisson : 1 heure

4 belles pommes (Royal Gala ou Boscoop), 60 g de beurre, 8 brins de romarin, 4 cuillères à soupe de sucre en poudre

PRÉCHAUFFEZ le four à 210° C (th. 7).
Lavez les pommes. Sans les éplucher, évidez-les avec un vide pomme (ou creusez-les des 2 côtés avec la pointe d'un économe).
Rincez les brins de romarin. Répartissez-les dans le fond d'un petit plat à gratin. Posez les pommes dessus. Garnissez chacune de 20 g de beurre. Parsemez-les de sucre, ajoutez 20 cl d'eau. Recouvrez-les d'un papier aluminium.
Glissez-les dans le four. Laissez cuire 1 heure en les arrosant 4 à 5 fois de leur jus de cuisson.
Servez dans le plat à la sortie du four.

MIV LES POMMES SONT CUITES ET DONC TRÈS FONDANTES QUAND ELLES SE RIDENT ET COMMENCENT À SE FENDRE À LA BASE. ON PEUT ACCOMPAGNER LES POMMES AVEC UNE GLACE VANILLE OU UN SORBET POMME VERTE.

LASAGNE AUX POIVRONS ROUGES

LASAGNE aux POIVRONS ROUGES

Marché pour 4 personnes
Préparation : 20 min   Cuisson : environ 35 min

10 feuilles de lasagnes, 6 poivrons rouges, 40 cl de crème fraîche liquide, 40 cl de lait entier, 60 g de manioc + 15cl de lait, 3 jaunes d'œuf, parmesan râpé, huile d'olive, gros sel

PRÉCHAUFFEZ le four à 220° C (th. 7/8). Posez les poivrons entiers dans de l'aluminium. Arrosez-les d'un filet d'huile d'olive et de 10 cl d'eau froide. Refermez-les en papillote. Laissez-les cuire 30 min au four.
Faites cuire les lasagnes selon le temps indiqué sur le sachet. Égouttez-les et versez-les dans de l'eau avec des glaçons. Séchez-les sur un linge.
Retirez les queues, les graines des poivrons cuits, puis la peau. Faites sécher les poivrons sur du papier absorbant.
Portez le lait et la crème à ébullition. Salez peu. Diluez le manioc dans le lait. Versez dans le mélange lait-crème bouillant. Mélangez et laissez cuire 2 min en fouettant.
Mixez la sauce au mixer plongeant. Incorporez les jaunes d'œufs tout en mixant.
Étalez 2 premières feuilles de lasagnes dans un plat à gratin. Nappez de sauce et posez une première couche de poivrons rouges. Procédez de la même façon pour le restant des ingrédients. Parsemez de parmesan. Faites gratiner sous le gril chaud du four. Servez chaud.

MV FAITES CONFIRE LES POIVRONS ROUGE ENTIERS AU FOUR COMME JE VOUS INDIQUE, VOUS VERREZ LA PEAU PARTIRA SANS PROBLÈME.

MARC VEYRAT SA CUISINE DU XXIe SIÈCLE

MARC VEYRAT, tout le monde croit le connaître. Son chapeau noir vissé sur la tête, là où les cuisiniers n'arborent que des toques blanches, les lunettes fumées qui protègent le regard de celui des autres, les grand-messes médiatiques. Et puis, bien sûr, les reconnaissances suprêmes de la profession : trois étoiles au Michelin, 20/20 au GaultMillau, sans même parler des autres hochets de la République.

Aujourd'hui, qu'est-ce qui fait courir Marc Veyrat dans les alpages ? Qu'est-ce qui le pousse à reprendre son bâton de randonneur, dans cette Savoie qu'il connaît sur le bout des papilles ? L'envie de transmettre, de faire partager au plus grand nombre sa passion de la cuisine.

Pour la première fois, un chef triple-étoilé s'expose et ose. Il désacralise la grande cuisine pour la mettre à la portée de tous, à travers des recettes modernes, délicieuses, ludiques et faciles à réaliser.

Attention, cet homme-là est un véritable novateur ! Pour lui, l'un des enjeux majeurs du XXIe siècle sera notre alimentation. Aux valeurs de partage et de convivialité que véhicule la nourriture, il souhaite y intégrer la prise en compte de l'environnement, le respect de la nature.

Pour ce grand cuisinier, aussi à l'aise avec les plantes et les herbes qu'avec les technologies les plus pointues, il n'y a pas de paradoxe. La cuisine doit être à la fois saine et bon marché, savoureuse et rapide à réaliser.

Soit 42 recettes, toutes inédites, pour le démontrer.

Chapeau, Chef !

Ouvrage conçu par Marc Veyrat, sous la direction de Coco Jobard
(rédaction et scénographie des recettes)
avec Fabrice Subiros : photographe-infographiste
et Colette Monsat, journaliste

Avec un grand merci à Gersende Barabino pour le prêt des 42 verreries italiennes de la société IVV, www.ivvnet.it

Direction artistique Philippe Moreau-Sainz
Maquette Maqsimum Création

JUS D'ARTICHAUT, CHANTILLY NOISETTE

JUS D'ARTICHAUT, CHANTILLY NOISETTE

Marché pour 4 personnes
Préparation : 20 min   Cuisson : 45 min

8 gros artichauts camus, 15 cl d'huile de noisette, le jus de 2 citrons, 5 anis étoilé, 20 cl de crème fleurette, 40 g de noisettes décortiquées, sucre en poudre, gros sel

PLIEZ les tiges d'artichauts sur le rebord de la table et jetez-les. Portez à ébullition 3 litres d'eau. Salez, ajoutez 2 pincées de sucre, le jus de citron puis les artichauts. Faites-les cuire à couvert 45 min. Mettez une jatte 15 min au congélateur.
Préchauffez le four à 180° C (th. 6).
Parsemez les pistaches sur une feuille d'aluminium posée sur la lèchefrite du four. Glissez dans le four et laissez griller 6 min. Hachez-les grossièrement.
Égouttez les artichauts en conservant l'eau de cuisson. Retirez les feuilles et réservez-les au réfrigérateur. Ôtez le foin. Mixez les fonds d'artichauts avec l'huile de noisette en versant au fur et à mesure l'eau de cuisson jusqu'à obtenir un jus onctueux. Gardez au réfrigérateur.
Montez la crème en chantilly dans la jatte glacée. Mélangez-y les noisettes. Répartissez le jus d'artichaut dans des verres et déposez dessus des cuillerées de chantilly. Dégustez aussitôt.

M|V LES FEUILLES DES ARTICHAUTS POURRONT ÊTRE SERVIES PLUS TARD AVEC UNE VINAIGRETTE (NOISETTE, CITRON...).

JUS DE RATATOUILLE CRUE LÉGER

JUS DE RATATOUILLE CRUE LÉGER

Marché pour 4 personnes
Préparation : 20 min   Cuisson : environ 7 min

1 litre de jus de tomates (en bouteille), 1 aubergine, 2 courgettes, 8 oignons blancs frais, 4 cuil. à soupe d'huile d'olive, 1 brin de thym, 1 feuille de laurier, sel fin

COUPEZ la moitié des tiges vertes d'oignon. Retirez les premières peaux et les radicelles. Rincez et séchez l'aubergine et les courgettes. Coupez-les en lamelles fines à la mandoline (ou à défaut avec un long couteau).

Faites chauffer 2 cuillerées à soupe d'huile d'olive sur feu vif dans une poêle antiadhésive. Faites-y saisir les lamelles d'aubergine parsemées de sel 4 à 5 min. Séchez-les sur du papier absorbant. Faites saisir avec le thym, le laurier, les lamelles de courgette parsemées de sel 2 min et séchez-les sur du papier absorbant.

Roulez les légumes en petits rouleaux. Répartissez-les avec les oignons, les tomates cerises coupées en 2 sur un plat. Accompagnez du jus de tomate.

M|V CROQUEZ AUBERGINE, OIGNON, COURGETTE, OIGNON TOUT EN SIROTANT LE JUS DE TOMATE. ACCOMPAGNEZ D'UN PEU DE PIMENT D'ESPELETTE ET DE FLEUR DE SEL DE GUÉRANDE.

JUS DE CAROTTES À LA CARDAMOME

JUS DE CAROTTES À LA CARDAMOME

Marché pour 4 personnes
Préparation : 15 min   Cuisson : 20 min

600 g de carottes, 80 cl d'eau ou jus de carottes en brick bio, 1 cube de bouillon de légume bio, 10 gousses de cardamome verte, gros sel

FENDEZ en 4 les gousses de cardamome. Mettez-les dans un filtre à thé (ou une mousseline).
Pelez les carottes. Coupez-les en rondelles. Mettez-les dans une casserole avec 80 cl d'eau froide. Portez à ébullition. Dès qu'elle bout, ajoutez 2 pincées de gros sel, le sachet de cardamome et le cube de bouillon de légumes.
Laissez cuire 20 min à couvert à petite ébullition. Retirez la cardamome. Mixez au mixer plongeant et laissez refroidir. Gardez au réfrigérateur jusqu'au dernier moment.
Rectifiez l'onctuosité en ajoutant si nécessaire un peu d'eau.

M|V BIEN PRATIQUE LES FILTRES À THÉ, CELA ÉVITE DE FILTRER LE JUS DE CUISSON. LA CUISSON DES CAROTTES PEUT AUSSI BIEN SE FAIRE À L'EAU QU'AVEC DU JUS DE CAROTTES EN BRICK BIO.

JUS DE BANANE AU LAIT DE COCO

JUS DE BANANE AU LAIT DE COCO

Marché pour 4 personnes
Préparation : 5 min

4 bananes bien mûres, le jus d'un citron jaune, 20 cl d'eau minérale, 30 cl de lait de coco en boîte

PELEZ les bananes. Coupez-les en rondelles et mettez-les dans un blender avec le jus de citron. Ajoutez de l'eau minérale pour obtenir une consistance très légèrement onctueuse.
Mélangez le lait de coco avec 1 ou 2 cuillerées d'eau minérale jusqu'à obtenir une consistance onctueuse.
Répartissez le jus de banane dans 4 verres. Déposez dessus, à l'aide d'une cuillère, le lait de coco. Plantez 2 pailles dans chaque verre. Sirotez aussitôt.

MIV SI VOUS VOULEZ DÉGUSTER GLACÉ, AJOUTEZ DES GLAÇONS DANS LES VERRES AVANT DE VERSER LE JUS DE BANANE.

COCKTAIL À LA RÉGLISSE AU LAIT DE SOJA

COCKTAIL À LA RÉGLISSE au LAIT DE SOJA

Marché pour 4 personnes
Préparation : 10 min   Cuisson : quelques min   Infusion : 10 min

1 litre de lait de soja, 40 g de bâtons de réglisse, le jus d'un citron vert

FENDEZ les bâtons de réglisse. Coupez-les en morceaux.
Portez le lait de soja à 50° C (pas plus). Ajoutez la réglisse.
Couvrez la casserole. Laissez infuser 10 min.
Filtrez puis ajoutez le jus de citron. Mélangez puis mixez vivement au mixer plongeant car le citron va cailler le lait de soja.
Versez dans une cruche. Gardez au réfrigérateur. Servez très frais.

MV LE CITRON EST INDISPENSABLE POUR DONNER UNE TOUCHE D'ACIDITÉ AU LAIT DE SOJA À LA RÉGLISSE ET COUPER LE CÔTÉ SUCRÉ DU LAIT.

COCKTAIL AU JUS D'ORANGE, POMME VERTE

COCKTAIL AU JUS d'ORANGE, POMME VERTE

Marché pour 4 personnes
Préparation : 5 min

8 oranges à jus, 2 pommes Granny Smith, le jus d'un citron jaune

PRESSEZ les oranges en jus et récupérez la pulpe.
Pelez la pomme. Coupez-la en 2. Retirez les pépins et les parchemins. Coupez-les en morceaux.
Mettez-les dans le bol du blender avec le jus d'orange, la pulpe et le jus de citron. Mixez. Versez dans une cruche.
Répartissez dans des verres avec des glaçons, si vous désirez boire glacé ce jus vitaminé.

MV Une fois pressées en jus, les oranges n'attendent pas d'être servies, au risque de voir s'envoler les vitamines. Si vous le désirez, n'épluchez qu'une pomme sur deux. Le cocktail sera un peu plus amer, j'adore.

SIFFLETS DE POIREAU, JUS DE BETTERAVE ROUGE

SIFFLETS DE POIREAU, JUS DE BETTERAVE ROUGE

Marché pour 4 personnes
Préparation : 15 min   Cuisson : 8 min

4 poireaux, 4 betteraves rouges cuites (400 g), Tabasco, 1 cuil. à soupe de vinaigre de Xérès, sel fin, 10 cl d'huile d'olive

LAVEZ les poireaux. Fendez-les en rondelles dans le sens du biais (sifflets). Faites-les cuire 6 min à la vapeur. Passez-les délicatement sous l'eau.

Mixez les betteraves rouges avec de l'huile d'olive, du sel, quelques gouttes de Tabasco et le vinaigre. Mixez. Ajoutez un peu d'eau jusqu'à obtenir une consistance onctueuse.

Répartissez le jus de betterave dans le fond de 4 assiettes individuelles puis posez dessus les sifflets de poireau.

MIV CHOISISSEZ DES POIREAUX DE PETITE TAILLE, LES GROS POIREAUX SONT PLUS FIBREUX ET PLUS LONGS À CUIRE.

CHOU ROUGE AUX PISTACHES

CHOU ROUGE aux PISTACHES

Marché pour 4 personnes
Préparation : 10 min   Cuisson : environ 35 minutes

1 chou rouge, 2 cubes de bouillon de volaille, 30 g de pistaches mondées non salées, 60 g de beurre, sel fin

RETIREZ les 2/3 premières feuilles du chou. Fendez-le en 4. Ôtez la partie centrale du chou. Émincez finement le chou au mixer ou à la main avec un long couteau.
Faites fondre le beurre sur feu doux. Ajoutez le chou et mélangez. Ajoutez les cubes de bouillon de volaille. Versez 30 cl d'eau. Portez à ébullition. Réduisez le feu. Couvrez. Laissez mijoter sur feu doux 35 min. Salez très peu.
Préchauffez le four à 180° C (th. 6).
Parsemez les pistaches sur une feuille d'aluminium posée sur la lèchefrite du four. Glissez dans le four et laissez griller 6 min. Hachez-les grossièrement.
Mélangez-les dans le chou. Servez chaud.

MIV LA COLORATION DES PISTACHES APPORTE UN GOÛT DE GRILLÉ TRÈS AGRÉABLE AVEC LE CHOU ROUGE.

ÉPINARDS À L'AIL

ÉPINARDS À L'AIL

Marché pour 4 personnes
Préparation : 20 min   Cuisson : environ 8 min

1,2 kg d'épinards frais, 2 gousses d'ail, 50 g de beurre, gros sel

REPLIEZ en 2 les feuilles d'épinards. Retirez les côtes. Lavez-les rapidement dans de l'eau. Égouttez-les.
Pelez les gousses d'ail. Fendez-les en 2 et retirez le germe vert. Hachez les gousses d'ail.
Mettez le beurre à fondre sur feu doux dans une sauteuse. Ajoutez l'ail et mélangez 2 min sans coloration puis incorporez les épinards. Mélangez-les au fur et à mesure sur feu très vif avec l'ail et laissez-les cuire 3 min en remuant tout le temps. Les épinards tomberont et cuiront tout seuls. Servez chaud.

MIV IL EST PRÉFÉRABLE DE CUIRE TRÈS RAPIDEMENT LES ÉPINARDS POUR QU'ILS CONSERVENT TOUTES LEURS VALEURS NUTRITIVES.
N'OUBLIEZ PAS DE RETIRER LE GERME DES GOUSSES D'AIL, QU'IL SOIT VERT OU BLANC, C'EST LUI QUI EST INDIGESTE.

GRATIN DE CHOU-FLEUR ET BROCOLI

gRATIN DE CHOU-FLEUR eT BROCOLI

Marché pour 4 personnes
Préparation : 15 min   Cuisson : environ 18 minutes

1 petit chou-fleur (800 g), 2 têtes de brocoli, 1/2 l de lait, 40 g de manioc + 8 cl de lait, 3 jaunes d'œufs, 100 g de fromage râpé, sel

DÉTACHEZ les bouquets du chou-fleur et des brocolis. Faites-les cuire séparément dans de l'eau bouillante salée. Égouttez-les et versez-les dans une jatte avec de l'eau froide et des glaçons.

Portez le lait à ébullition. Salez peu. Diluez le manioc dans le lait. Versez dans le lait bouillant. Mélangez et laissez cuire 2 min en fouettant à feu doux.

Mixez la sauce au mixer plongeant. Incorporez les jaunes d'œufs.

Préchauffez le gril du four.

Égouttez les choux-fleurs et les brocolis. Répartissez-les dans un plat à gratin. Nappez-les de sauce et recouvrez-les de fromage râpé. Faites gratiner sous le gril chaud du four. Servez chaud dans le plat.

MV ATTENTION LE TEMPS DE CUISSON DES CHOUX-FLEURS N'EST PAS LE MÊME QUE CELUI DES BROCOLIS : LES CHOUX-FLEURS 12 MIN, LES BROCOLIS 4 MIN.

MIXED DE LÉGUMES À LA LAVANDE

MIXED DE LÉGUMES À LA LAVANDE

Marché pour 4 personnes
Préparation : 25 min   Cuisson : environ 20 min

150 g de pois gourmands, 1 botte de radis, 150 g de haricots verts, 1 botte d'oignons, 4 mini courgettes, 1 barquette de mini épis de maïs, 1 grappe de tomates cerises, 40 cl de lait, 25 g de manioc + 5 cl de lait, 4 têtes de lavande fraîche (ou 1 cuil. à soupe de fleurs sèches), gros sel

COUPEZ les fanes des radis. Retirez les radicelles.

Ôtez les 2 extrémités des haricots verts. Coupez la moitié des tiges d'oignons. Coupez les extrémités des courgettes.

Faites cuire séparément les légumes dans de l'eau bouillante salée puis rafraîchissez-les dans de l'eau avec des glaçons. Les radis 10 min, les pois gourmands 2 min, les haricots verts 7 min, les oignons 8 min, les courgettes 8 min, les épis de maïs 8 min.

Diluez le manioc dans les 5 cl de lait. Mélangez-le dans le lait avec la lavande. Portez à ébullition. Laissez bouillir 30 sec. Salez. Laissez infuser 5 min. Mixez au mixer plongeant puis filtrez dans un tamis fin.

Nappez les légumes de sauce à la lavande. Servez chaud.

MIV LA COULEUR VIOLETTE DE LA LAVANDE PEUT ÊTRE OBTENUE EN MIXANT UN PEU DE CHOU ROUGE DANS LA CRÈME.

TOMATES FARCIES AU QUINOA À LA CANNELLE

TOMATES FARCIES AU QUINOA À LA CANNELLE

Marché pour 4 personnes
Préparation : 15 min   Cuisson : 15 min

4 grosses tomates en grappes, 300 g de quinoa, 1 bâton de cannelle, 6 cuil. à soupe d'huile d'olive, 1 cuil. à café de cannelle en poudre, sel fin

RINCEZ le quinoa dans une jatte remplie d'eau froide. Égouttez-le. Versez 1 litre d'eau dans une casserole. Ajoutez le quinoa en pluie et le bâton de cannelle. Couvrez. Laissez cuire 15 min.

Égouttez puis rafraîchissez le quinoa sous l'eau froide. Mettez-le dans un saladier. Salez. Arrosez-le d'huile d'olive et parsemez la cannelle. Mélangez.

Rincez et séchez les tomates. Coupez à chacune un chapeau. À l'aide d'une cuillère à café, retirez les graines dans les alvéoles tout en conservant la pulpe.

Garnissez les tomates de quinoa. Dégustez frais.

M|V COMME POUR TOUS LES LÉGUMES SECS, NE SALEZ PAS L'EAU DE CUISSON SINON ILS DURCISSENT.

GNOCCHI DE POMMES DE TERRE À LA VANILLE

GNOCCHI DE POMMES DE TERRE À LA VANILLE

Marché pour 4 personnes
Préparation : 10 min   Cuisson : quelques minutes

1 sachet de 450 g de gnocchi de pommes de terre, 3/4 l de lait entier, 75 g de manioc + 15 cl de lait, 1 gousse de vanille, gros sel

PORTEZ le lait à ébullition avec la gousse de vanille fendue en 2 et grattée de ses graines. Diluez le manioc dans le lait. Versez dans le lait bouillant. Mélangez et laissez cuire 2 min en fouettant.

Retirez du feu. Couvrez et laissez infuser 5 min. Retirez la gousse de vanille. Mixez la sauce au mixer plongeant puis passez-la dans un tamis fin.

Faites cuire les gnocchi 2 min dans de l'eau bouillante salée. Retirez-les quand ils remontent à la surface.

Égouttez-les et mélangez-les dans la sauce à la vanille. Servez aussitôt.

M|V SI VOUS AVEZ LE MOINDRE SOUCI EN AJOUTANT LE MANIOC DILUÉ DANS LE LAIT BOUILLANT, DONNEZ UN COUP DE MIXER PLONGEANT.

GRATIN SAVOYARD

GRATIN SAVOYARD

Marché pour 4 personnes
Préparation : 20 min Cuisson : environ 50 min

1 kg de pommes de terre à chair ferme (charlotte, amandine, BF15…), 40 g de gousses d'ail, 40 g de thym frais ficelé en bouquet, 1,5 l de lait entier, 30 g de beurre, 1 sachet de fromage râpé, sel

PELEZ les gousses d'ail. Coupez-les en 2. Retirez le germe vert. Hachez les gousses d'ail très finement ou pressez-les dans un presse-ail.

Pelez les pommes de terre. Coupez-les en lamelles fines. Portez le lait à ébullition avec le bouquet de thym. Couvrez et laissez infuser 10 min. Filtrez le lait.

Dans une sauteuse, faites revenir l'ail haché 2 min dans le beurre fondu sur feu doux puis incorporez les pommes de terre. Mélangez 2 min. Versez le lait et laissez cuire environ 35 min.

Faites chauffer le gril du four. Versez les pommes de terre et le lait dans un plat à gratin. Parsemez-les de fromage râpé. Glissez le plat sous le gril du four et laissez gratiner quelques minutes. Servez à la sortie du four.

MIV NE RINCEZ PAS LES POMMES DE TERRE CAR C'EST LA FÉCULE QUI VA LIER LE LAIT LORS DE LA CUISSON. ATTENTION À L'ASSAISONNEMENT CAR LE FROMAGE À GRATIN EST PARFOIS SALÉ.

POMMES DE TERRE SAUTÉES FORESTIÈRE

POMMES DE TERRE SAUTÉES FORESTIÈRE

Marché pour 4 personnes
Préparation : 15 min Cuisson : la veille, 30 min ; le lendemain, environ 30 min

1 kg de pommes de terre à chair ferme (Charlotte, Pompadour…), 1/2 botte d'oignons frais, 150 g de champignons de Paris, 1/2 citron, 5 brins de persil plat, 2 cuil. à soupe d'huile d'arachide ou 10 g de beurre, fleur de sel

LA VEILLE, lavez les pommes de terre et mettez-les à cuire, sans les éplucher, 20 min dans de l'eau bouillante salée. Égouttez-les. Laissez-les refroidir. Gardez-les dans l'eau au réfrigérateur.

Le lendemain, pelez les pommes de terre. Coupez-les en rondelles. Coupez à moitié les tiges d'oignon. Faites-les cuire 8 min dans de l'eau bouillante salée. Égouttez-les et séchez-les. Rincez sous un filet d'eau les champignons. Séchez-les. Coupez-les en 2 ou en 4. Arrosez-les de quelques gouttes de citron. Faites chauffer l'huile sur feu vif dans une poêle antiadhésive. Ajoutez les pommes de terre. Laissez-les dorer environ 10 min en remuant. Ajoutez les champignons, le sel puis les oignons. Laissez cuire de nouveau 8 min en remuant. Parsemez de fleur de sel et de feuilles de persil plat. Servez aussitôt.

MV IL EST PRÉFÉRABLE DE CUIRE LES POMMES DE TERRE EN ROBE DES CHAMPS LA VEILLE, ELLES SE TIENDRONT PARFAITEMENT À LA CUISSON LE LENDEMAIN.

POMMES EN PAPILLOTE AU LAURIER

pommes en papillote au laurier

Marché pour 4 personnes
Préparation : 10 min   Cuisson : 45 min

1 kg de pommes de terre à chair ferme (charlotte, pompadour…),
4 tiges de laurier avec plusieurs feuilles, beurre frais, fleur de sel

Préchauffez le four à 230° C (th.7/8).
Brossez, rincez et séchez les pommes de terre. Posez côte à côte 3 à 4 pommes de terre au milieu d'une grande feuille de papier aluminium. Posez dessus une tige de laurier. Arrosez de 2 à 3 cuillerées d'eau et ajoutez une belle noix de beurre. Repliez en papillote.
Posez-les sur la lèchefrite du four. Laissez-les cuire 45 min.
Servez à la sortie du four dans les papillotes. Accompagnez de beurre et de fleur de sel.

M|V Simplissime à faire et si bon. Choisissez des pommes de terre de taille identique.

ASPERGES TIÈDES MAYONNAISE CITRON VERT ET PAMPLEMOUSSE

ASPERGES TIÈDES MAYONNAISE CITRON VERT ET PAMPLEMOUSSE

Marché pour 4 personnes
Préparation : 10 min   Cuisson : 20 min

30 asperges vertes, 1 jaune d'œuf, 20 g de moutarde, 20 à 25 cl d'huile d'arachide, 2 citrons verts, 1 pamplemousse rose, sel, poivre du moulin

RETIREZ la peau avec l'écorce blanche d'un citron vert et du pamplemousse. Prélevez-en les quartiers entre les membranes blanches. Récupérez le jus des membranes évidées en les pressant.
Pressez le jus du second citron vert.
Mélangez le jaune d'œuf avec la moutarde. Salez et poivrez (un tour de moulin). Ajoutez le jus que vous avez récupéré. Versez l'huile en filet tout en remuant au fouet. Ajoutez le jus du citron vert.
Rincez les asperges. Coupez la base des tiges. Faites-les cuire 20 min à l'eau bouillante salée (12 g de gros sel par litre d'eau). Égouttez-les et séchez-les sur un linge avant de les poser dans le plat de service. Servez-les aussitôt avec la sauce à part.

M|V AU DÉPART, METTEZ LE SEL DANS LE JAUNE MÉLANGÉ À LA MOUTARDE, AINSI IL N'Y AURA PAS DE POINT BLANC DANS L'HUILE VERSÉE EN FILET.

RATTES AU COTTAGE CHEESE À LA CORIANDRE

rATTES AU COTTAGE CHEESE À LA CORIANDRE

Marché pour 4 personnes
Préparation : 10 min   Cuisson : environ 20 min

400 g de rattes, 1 pot de 250 g de cottage cheese (ou à défaut fromage blanc caillé), 1 cuil. à café de jus de citron, 1/2 botte de coriandre, gros sel

BROSSEZ et rincez-les pommes de terre.
Mettez-les dans une casserole avec de l'eau froide. Portez à ébullition. Salez. Laissez-les cuire 20 min. Vérifiez la cuisson en les perçant avec la pointe d'un couteau.
Rincez et séchez la coriandre. Ciselez finement les feuilles.
Mélangez le cottage cheese avec la coriandre, le jus de citron.
Ne salez pas : le cottage cheese l'est déjà.
Égouttez les pommes de terre. Servez-les chaudes avec la coupelle de cottage cheese.

M|V J'AIME LA LÉGÈRE ACIDITÉ DU COTTAGE-CHEESE.

PURÉE AU JUS D'HERBES

PURÉE AU JUS D'HERBES

Marché pour 4 personnes
Préparation : 25 min   Cuisson : environ 25 min

1 kg de pommes de terre Bintje, 30 cl de lait entier, 50 g de beurre, 1 botte de cerfeuil, 1 botte de ciboulette, 1 botte de coriandre, 1/2 cube de bouillon de légumes, gros sel, sel fin

PELEZ les pommes de terre. Lavez-les et coupez-les en morceaux. Faites-les cuire environ 20 min dans de l'eau bouillante salée.
Préchauffez le four à 180° C (th. 6).
Pressez-les en purée dans un moulin à légume posé sur une jatte. Versez dessus le lait chaud puis le beurre coupé en petits morceaux. Rectifiez l'assaisonnement. Garder dans le four au chaud à couvert dans un bain-marie.
Rincez les fines herbes. Coupez les tiges des bouquets de coriandre et de cerfeuil. Plongez les feuilles avec la ciboulette 1 minute dans de l'eau bouillante avec le cube de bouillon de légumes.
Égouttez-les en conservant l'eau de cuisson. Mixez-les au mixer plongeant en ajoutant un peu d'eau de cuisson des herbes. Filtrez dans un tamis fin.
Faites réchauffer sans bouillir le jus d'herbes. Servez la purée chaude avec le jus d'herbes.

MIV LE TEMPS DE CUISSON DES POMMES DE TERRE VARIE SELON LA TAILLE DES MORCEAUX.

CANNELLONI AU CAILLÉ DE BREBIS ET SERPOLET

CANNELLONI AU CAILLÉ DE BREBIS ET SERPOLET

Marché pour 4 personnes
Préparation : 15 min Cuisson : selon le mode d'emploi du sachet
Macération : 3 h

8 cannelloni, 6 pots de caillé de brebis, 50 g de serpolet frais (ou de thym frais), sel, 10 cl d'huile d'arachide

PORTEZ 3 litres d'eau à ébullition dans un fait-tout. Salez dès qu'elle bout, ajoutez l'huile d'arachide. Versez les cannelloni en pluie. Laissez-les cuire le temps indiqué sur le sachet. Égouttez-les. Rafraîchissez-les dans de l'eau avec des glaçons. Séchez-les sur du papier absorbant.

Égouttez dans une passoire le caillé de brebis. Rincez et séchez le serpolet. Hachez très finement les feuilles au couteau. Incorporez-le dans le caillé de brebis. Salez légèrement. Gardez au frais dans la passoire posée dans une jatte. Laissez macérer 3 heures.

Avec une petite cuillère ou une poche à douille unie, garnissez les cannelloni de caillé. Servez frais.

M|V LA MACÉRATION DES FEUILLES DE SERPOLETS DURANT 3 HEURES PERMETTRA UNE BONNE DIFFUSION DES PARFUMS.

CROZETS AU JUS DE CÉLERI BRANCHE CRÉMÉ

CROZETS AU JUS DE CÉLERI BRANCHE CRÉMÉ

Marché pour 4 personnes
Préparation : 10 min   Cuisson : 20 min

200 g de crozets, 80 cl de lait entier, 1/2 cube de bouillon de volaille, 300 g de céleri branche, gros sel

FAITES cuire les crozets 20 min dans de l'eau bouillante salée.
Rincez le céleri branche. Retirez les feuilles et mettez-les de côté au réfrigérateur. Coupez les tiges en fines rondelles.
Portez le lait à ébullition avec le cube de bouillon de volaille et les rondelles de céleri. Laissez cuire 15 min.
Mixez au mixer plongeant avec les feuilles de céleri. Redonnez un bouillon au jus et mélangez-le dans les crozets égouttés. Dégustez aussitôt.

M|V LES FEUILLES DE CÉLERI MIXÉ AU DERNIER MOMENT DANS LE JUS CRÉMÉ VONT APPORTER UNE BELLE NOTE DE FRAÎCHEUR À LA SAUCE.

NOUILLES AU CITRON

NOUILLES AU CITRON

Marché pour 4 personnes
Préparation : 10 min   Cuisson : quelques minutes

400 g de linguine fraîches en sachet, 1 cube de bouillon de volaille, 40 cl de crème fraîche liquide UHT, 2 citrons bios (ou non traités), sel, huile d'olive

BROSSEZ et séchez les citrons. Prélevez les zestes d'1/2 citron. Pressez le jus des 2 citrons.

Portez 2 litres d'eau à ébullition avec le cube de bouillon de volaille avec un trait d'huile d'olive. Ne salez pas trop, le bouillon de volaille l'est déjà. Dès qu'elle bout, ajoutez les nouilles en les effilochant. Dès la reprise de l'ébullition laissez cuire 3 min.

Portez la crème à ébullition avec le jus des citrons. Retirez du feu. Salez. Mixez au mixer plongeant.

Égouttez les nouilles. Mettez-les dans une jatte chauffée au préalable. Versez la crème bien chaude, ajoutez les zestes. Mélangez et dégustez aussitôt.

M|V ATTENTION, POUR ÉVITER QUE LE CITRON NE FASSE « TRANCHER » LA CRÈME, UTILISEZ UNIQUEMENT DE LA CRÈME UHT (ULTRA-HAUTE TEMPÉRATURE).

SI CELA EST LE CAS, LE FAIT DE MIXER, HOMOGÉNÉISERA L'ENSEMBLE.

SPAGHETTI AUX CHAMPIGNONS

SPAGHETTI
aux CHAMPIGNONS

Marché pour 4 personnes
Préparation : 15 min   Cuisson : environ 25 min

400 g de spaghetti, 500 g de champignons de Paris, 40 g de beurre,
30 cl de crème fraîche liquide bio, 1 cube de bouillon de volaille,
le jus d' 1/2 citron jaune, gros sel, sel fin, huile d'olive

RINCEZ sous un filet d'eau les champignons. Séchez-les. Coupez-les en rondelles. Arrosez-les de jus de citron.
Mettez le beurre à chauffer dans une poêle. Faites-y dorer 5 min les champignons sur feu vif. Salez au sel fin. Égouttez-les dans une passoire.
Portez la crème à ébullition avec le cube de bouillon de volaille. Ajoutez les champignons.
Faites cuire les spaghetti dans de l'eau bouillante salée avec un trait d'huile d'olive selon le temps indiqué sur le sachet.
Égouttez les spaghetti. Mélangez-les aux champignons. Rectifier l'assaisonnement. Dégustez aussitôt.

M|V POUR NE PAS IMBIBER D'EAU LES CHAMPIGNONS, RINCEZ LES UN PAR UN SOUS UN FILET D'EAU EN LES ROULANT ENTRE VOS DOIGTS.

TAGLIATELLES AUX COURGETTES À LA SAUGE

tagliatelles aux courgettes à la sauge

Marché pour 4 personnes
Préparation : 10 min   Cuisson : environ 10 minutes

400 g de tagliatelles, 5 feuilles de sauge + 5 feuilles de sauge pour la finition, 2 belles courgettes, 2 cuil. à soupe d'huile d'olive, gros sel, sel fin parmesan râpé

Rincez et séchez les courgettes. Détaillez-les en lanières ou en rondelles fines.
Mettez une cuillerée d'huile d'olive à chauffer sur feu vif. Faites-y cuire 2 à 3 min les courgettes en les mélangeant. Salez.
Faites cuire les tagliatelles dans de l'eau bouillante salée avec les 5 feuilles de sauge, selon le temps indiqué sur le sachet.
Égouttez les tagliatelles. Retirez les feuilles de sauge. Mélangez les tagliatelles dans les courgettes avec la cuillerée d'huile restante et les 5 feuilles de sauge ciselées. Servez-les chaudes avec une coupelle de parmesan.

MV Si vous en avez une, utilisez une mandoline pour émincer en très fines lanières ou rondelles les courgettes. Cela change tout.

BEIGNETS DE POMMES À L'ANGÉLIQUE

BEIGNETS DE POMMES À L'ANGÉLIQUE

Marché pour 4 personnes
Préparation : 15 min   Cuisson : environ 20 min

3 pommes (boskoop, royal gala, reine des reinettes…), 40 g de beurre, 1 jus de citron, 1,5 l d'huile d'arachide, sucre glace
POUR LA PÂTE : 40 g d'angélique confite (en bâtons dans les paquets de fruits confits), 75 g de maïzena, 150 g de farine, 30 g de sucre, 3 œufs, 30 cl de lait entier, 9 g de levure chimique, 3 pincées de sel fin

PELEZ les pommes. Évidez-les avec un vide pomme ou creusez-les avec la pointe d'un économe de part et d'autre de la pomme. Coupez-les en tranches d'environ 2 cm d'épaisseur. Arrosez-les de jus de citron.
Dans une poêle antiadhésive, faites-les revenir 2 min de chaque côté dans le beurre fondu et chaud. Égouttez-les côte à côte sur du papier absorbant.
Coupez l'angélique en petits cubes. Mélangez la maïzena, la farine, la levure chimique, le sucre et versez le lait froid tout en fouettant. Ajoutez les œufs, l'angélique et fouettez.
Faites chauffer le bain de friture à 180 °C. Plongez les pommes une par une dans la pâte puis dans l'huile à l'aide d'une fourchette. Laissez-les cuire 4 à 5 min par fournée. Égouttez-les sur du papier absorbant. Parsemez-les de sucre glace tamisé. Dégustez bien chaud.

MIV IL EST RECOMMANDÉ DE LAISSER LA PÂTE À FRIRE REPOSER 1/4 D'HEURE AU RÉFRIGÉRATEUR.

CARPACCIO D'ANANAS AU CITRON VERT

CARPACCIO D'ANANAS au CITRON VERT

Marché pour 4 personnes
Préparation : 20 min   Cuisson : quelques minutes

2 ananas Victoria, 260 g (26 cl) de jus d'ananas en brick, 30 g de sucre en poudre, 7 feuilles de gélatine, le jus de 3 citrons verts

METTEZ les feuilles de gélatine à ramollir dans un bol d'eau froide 5 à 10 min.
Coupez le plumet et la base de l'ananas. Pelez l'ananas avec un couteau puis creusez chaque cavité pour retirer les « yeux ». Récupérez le jus qui s'écoule et versez-le dans une casserole.
Ajoutez dans la casserole, le sucre en poudre, le jus d'ananas en brick. Portez à ébullition. Retirez du feu.
Égouttez et séchez la gélatine sur du papier absorbant. Incorporez-la dans le sirop. Ajoutez le jus de citron vert. Laissez refroidir à température ambiante.
Fendez l'ananas en 2. Retirez la tige dure. Coupez l'ananas en très fines lamelles. Répartissez-les au fur et à mesure sur 4 assiettes individuelles. Nappez-les de sirop. Servez frais.

MV LA GÉLATINE EST LÀ POUR DONNER AU SIROP TOUTE SON ONCTUOSITÉ.

FRAISES AU COULIS DE GRENADINE À L'ANIS ÉTOILÉ

Fraises au coulis de grenadine à l'anis étoilé

Marché pour 4 personnes
Préparation : 35 min   Cuisson : 5 min   Infusion : 30 min

500 g de fraises gariguette, sucre glace
Pour le coulis : 250 g de fraises gariguette, 2 anis étoilés, 2 à 3 cuil. à soupe de sirop de grenadine

Préparez le coulis. Rincez les fraises. Séchez-les puis retirez les pédoncules. Mixez-les en purée. Versez-la dans une casserole. Ajoutez l'anis étoilé. Posez sur feu doux. Laissez compoter sur feu très doux 35 min (la température ne doit pas excéder 50° C).

Retirez du feu et laissez infuser 30 min à température ambiante. Ajouter 2 à 3 cuillerées de sirop de grenadine suivant l'acidité des fraises. Retirez l'anis étoilé. Gardez le coulis au réfrigérateur.

Au moment de servir, versez du sucre glace dans une coupelle et plongez la pointe des fraises très légèrement dedans.

Nappez le fond de 4 assiettes individuelles de coulis. Répartissez dessus les fraises. Dégustez.

MIV Facile de connaître la température de cuisson à environ 50° C, trempez le bout du doigt dans le coulis, cela doit être chaud sans brûler.

POIRE POCHÉE À LA MENTHE

Poire pochée à la menthe

Marché pour 4 personnes
Préparation : 10 min   Cuisson : environ 30 à 40 min

4 poires Conférence , 2 l d'eau, 250 g de sucre en poudre, 1 bouquet de menthe, 1 bâton de cannelle, 1 citron entier jaune

RINCEZ les tiges de menthe. Portez à ébullition l'eau avec le sucre, les tiges de menthe, la cannelle et le demi-citron.
Pelez les poires en conservant les tiges. Plongez-les dans le sirop bouillant. Couvrez-les d'une feuille de papier sulfurisé. Laissez-les cuire environ 30 à 40 min. Vérifiez la cuisson en les transperçant avec une brochette.
Laissez-les refroidir dans le jus au frais.
Les poires sont meilleures si elles sont cuites la veille et laissées dans le sirop de cuisson toute la nuit au réfrigérateur.

MV J'AIME LES POIRES QUI FONDENT DANS LA BOUCHE... ET LE TEMPS DE CUISSON DÉPEND DE LEUR GROSSEUR ET DE LEUR MATURITÉ.

TAPIOCA AUX MÛRES

tapioca aux mûres

Marché pour 4 personnes
Préparation : 15 min   Cuisson : environ 10 min

6 cuil. à soupe de tapioca, 50 cl de lait, 1 gousse de vanille, 250 g de mûres fraîches, 4 cuil. à soupe de confiture de mûres, le jus d'1/2 citron vert

PORTEZ le lait à ébullition avec la gousse de vanille fendue en 2 et grattée de ses graines. Dès qu'il bout, versez le tapioca en pluie et remuez. Laissez cuire 6 min sur feu très très doux en remuant de temps à autre.
Écrasez les mûres à la fourchette. Mettez-les à cuire 5 min en mélangeant. Retirez du feu. Ajoutez le jus du citron vert et la confiture de mûres.
Répartissez les mûres dans le fond de 4 coupelles puis versez le tapioca chaud. Dégustez chaud ou tiède.

MIV VOUS POUVEZ ARRÊTER LA CUISSON DU TAPIOCA AVEC UNE GOUTTE DE LAIT FROID.

CRÈME DU BARRY

CRÈME DU BARRY

Marché pour 4 personnes
Préparation : 10 min   Cuisson : environ 40 min

1 blanc de poireau (80 g), 1 petit chou-fleur, 1 pomme de terre bintje, 1/2 cube de bouillon de légumes, 20 g de beurre, 10 cl de crème fraîche épaisse, sel, sucre en poudre, noix de muscade en poudre, cerfeuil

FENDEZ le poireau en 4. Coupez-le en petits morceaux. Rincez-les sous l'eau froide. Égouttez-les.
Pelez et rincez la pomme de terre. Coupez-la en petits morceaux. Détachez les bouquets du chou-fleur. Coupez-les en 2 ou en 4. Gardez à part 1 bouquet et retirez-en les petites fleurs (les pros l'appellent sommités).
Faites revenir le poireau dans le beurre fondu sur feu doux 2 min. Ajoutez le cube de bouillon de légumes, les pommes de terre et les choux-fleurs. Salez. Ajoutez une pincée de sucre. Versez 1,3 litre d'eau froide. Laissez cuire à couvert 35 à 40 min.
Mixez au mixer plongeant. Ajoutez la crème. Redonnez une ébullition. Parsemez de pincées de muscade et de feuilles de cerfeuil. Servez chaud.

MV LA PINCÉE DE SUCRE RETIRE L'ASTRINGENCE DU CHOU-FLEUR.

POTAGE CULTIVATEUR TOUT SIMPLEMENT

POTAGE CULTIVATEUR TOUT SIMPLEMENT

Marché pour 4 personnes
Préparation : 20 min   Cuisson : environ 25 min

2 blancs de poireau (80 g), 200 g de carottes, 100 g de navets, 125 g de branches de céleri, 125 g de pommes de terre, 50 g de haricots verts, 30 g de beurre, gros sel
POUR LA GARNITURE : fromage râpé, beurre

PELEZ et rincez tous les légumes. Détaillez-les en petits cubes. Faites fondre le beurre sur feu doux dans un fait-tout. Mettez-y les blancs de poireau, carottes, navets, céleri branche à revenir 3 min en les mélangeant. Ajoutez les pommes de terre. Versez 1,2 litre d'eau.

Portez à ébullition. Salez. Réduisez le feu. Couvrez et laissez cuire 20 min. Ajoutez les haricots verts 5 min avant la fin de la cuisson.

Servez la soupe chaude avec une coupelle de beurre et de fromage râpé.

MIV POUR UN BON ÉQUILIBRE DES SAVEURS MÊLÉES DES LÉGUMES, JE VOUS RECOMMANDE DE LES PESER ET SURTOUT DE LES COUPER EN MINUSCULES DÉS.

SOUPE D'AGRUMES À LA VERVEINE CITRONNELLE

SOUPE D'AGRUMES À LA VERVEINE CITRONNELLE

Marché pour 4 personnes
Préparation : 20 min   Cuisson : environ 5 min

2 pamplemousses, 2 oranges, 1 citron vert, 1 citron jaune, 100 g de sucre en poudre, 200 g (20 cl) d'eau, 100 g (10 cl) de jus de citron vert, 20 g de verveine citronnelle, 3 feuilles et demie de gélatine

METTEZ les feuilles de gélatine à ramollir 10 min dans un bol d'eau froide.
Portez l'eau et le sucre à ébullition sur feu vif. Laissez cuire 3 min. Laissez tiédir puis ajoutez la gélatine égouttée et séchée sur du papier absorbant, la verveine et le jus de citron vert. Laissez refroidir à température ambiante.
Retirez la peau avec l'écorce blanche des pamplemousses, des oranges et des citrons verts et jaunes. Prélevez-en les quartiers entre les membranes blanches. Répartissez-les sur 4 assiettes individuelles. Nappez-les de sirop à la verveine filtré.

MV VOUS POUVEZ FORCER LE GRAMMAGE DE LA VERVEINE SI VOUS DÉSIREZ QU'ELLE SOIT PLUS RAFRAÎCHISSANTE.

SOUPE DE FIDÈS ET CHICORÉE

SOUPE DE FIDÈS et CHICORÉE

Marché pour 4 personnes
Préparation : 5 min Cuisson : 11 min

250 g de fidès (cheveux d'ange), 1 cuil. à soupe d'huile d'arachide, 2 cubes de bouillon de légumes, 10 g de chicorée (en sachet), sel

METTEZ la chicorée dans un sachet à thé (ou une mousseline).
Faites chauffer l'huile sur feu vif dans une sauteuse. Mettez-y à griller les fidès 4 min en les remuant. Ajoutez les cubes de bouillon de légumes, le sachet de chicorée. Versez 1,5 litre d'eau.
Portez à ébullition et laissez cuire 7 min en remuant de temps en temps.
Retirez le sachet de chicorée. Servez la soupe bouillante.

MV C'EST UNE VIEILLE RECETTE PAYSANNE QUE JE DÉGUSTAIS SOUVENT APRÈS UNE BELLE RANDONNÉE.

SOUPE DE POIS CASSÉS AUX ALGUES

SOUPE DE POIS CASSÉS aux ALGUES

Marché pour 4 personnes
Préparation : 10 min Cuisson : environ 1 heure

1 oignon (60 g), 200 g de pois cassés, 1 carotte (60 g), 1 vert de poireau (60 g), 10 g d'algues (wakamé ou dulse), 20 g de beurre, 2 tranches de pain de campagne rassis, 1 gousse d'ail, sel fin

RINCEZ les pois cassés dans de l'eau. Égouttez-les. Faites-les cuire 5 min dans de l'eau bouillante. Égouttez-les.

Pelez et émincez l'oignon, la carotte, le vert de poireau. Faites revenir les légumes émincés dans le beurre fondu 5 min sur feu doux.

Versez 1,3 litre d'eau froide. Ajoutez les pois cassés et l'ail pelé, coupé en 2, le germe retiré. Laissez mijoter à couvert 1 heure.

Mettez les algues à réhydrater 10 min dans 20 cl d'eau tiède. Égouttez-les, pressez-les et conservez l'eau de cuisson.

Mixez la soupe au mixer plongeant. Rectifiez l'onctuosité en ajoutant l'eau de macération des algues. Salez selon votre goût.

Faites toaster le pain. Coupez-le en bâtonnets.

Redonnez une ébullition à la soupe. Versez-la dans une soupière et parsemez d'algues. Servez les croûtons à part.

MV SURTOUT PAS DE SEL DANS L'EAU DE CUISSON DES POIS CASSÉS, C'EST L'EAU IODÉE DE RÉHYDRATATION DES ALGUES QUI SALERA LA SOUPE.

SOUPE GLACÉE DE CONCOMBRE À LA MENTHE

SOUPE GLACÉE de CONCOMBRE à LA MENTHE

Marché pour 4 personnes
Préparation : 10 min   Cuisson : 15 minutes

800 g de concombre, 8 branches de menthe + 2 pour la finition, 2 cubes de bouillon de légumes

PELEZ les concombres. Fendez-les en 4. Retirez les graines. Coupez les concombres en morceaux. Mettez-les dans un fait-tout avec les cubes de bouillon de légumes et les branches de menthe.
Versez de l'eau à hauteur des concombres (au même niveau). Portez à ébullition. Réduisez le feu. Couvrez. Laissez cuire 15 min.
Mixez au mixer plongeant. Gardez au réfrigérateur.
Servez la soupe glacée en la parsemant de feuilles de menthe ciselée.

MIV POUR DONNER ENCORE PLUS DE FRAÎCHEUR À LA SOUPE, CISELEZ LA MENTHE.

RÉMOULADE DE CHOU BLANC AU CUMIN ET RAIFORT

rÉMOULADE DE CHOU BLANC AU CUMIN ET RAIFORT

Marché pour 4 personnes
Préparation : 15 min Macération : 2 h

1 chou blanc (environ 1 kg), 25 cl de mayonnaise en pot, 2 cuil. à soupe rase de raifort en pot, 1 cuil. à soupe rase de graines de cumin, 11 g de sel fin (pour 1 kg de chou blanc)

RETIREZ les 3 premières feuilles du chou. Coupez-le en 4. Ôtez au couteau le cœur dur ainsi que les grosses côtes apparentes.

Émincez le chou finement avec la lame fine du mixer (ou à la main avec un bon couteau). Parsemez-les de sel et laissez-les dégorger 2 h.

Hachez les graines de cumin.

Mélangez le raifort avec la mayonnaise dans un grand saladier. Incorporez le chou blanc émincé, parsemez de cumin et mélangez en soulevant les lanières de chou avec 2 cuillères.

Gardez au frais jusqu'au moment de servir.

MV IL EST SOUHAITABLE QUE LES LANIÈRES DU CHOU SOIENT COUPÉES AU ROBOT OU À LA MAIN.

SALADE D'ENDIVES, ROQUEFORT, POMMES FRITES

SALADE D'ENDIVES, ROQUEFORT, POMMES FRITES

Marché pour 4 personnes
Préparation : 15 min   Cuisson : environ 3 min

4 endives, 1 barquette de roquefort de 150 g, 1 pomme (Royal Gala ou golden), 1 pomme Granny Smith, 1/2 botte de ciboulette, 15 g de beurre, le jus d' 1/2 citron jaune
POUR LA VINAIGRETTE : 3 cuil. à soupe d'huile de noix, 1 cuil. à soupe d'huile d'arachide, 1 cuil. à soupe de vinaigre de Xérès, fleur de sel, 2 tours de moulin à poivre

PRÉPAREZ la vinaigrette dans le fond d'un saladier.
Rincez et séchez les pommes. Coupez-les en lamelles d'environ 1 cm d'épaisseur puis en bâtonnets. Arrosez-les de jus de citron.
Faites chauffer le beurre dans une poêle. Mettez-y les bâtonnets de pomme à dorer 2 à 3 min. Séchez-les sur du papier absorbant.
Coupez le roquefort en cubes.
Retirez les 2/3 premières feuilles des endives. Coupez la base des endives et creusez-la pour retirer le cône dur et amer.
Coupez les feuilles en 2 dans le sens de la hauteur. Mettez-les dans le saladier. Ciselez la ciboulette. Mélangez et parsemez-les cubes de roquefort et les frites de pommes. Dégustez.

MV POUR LES VINAIGRES, ÉVITEZ D'UTILISER LA MOUTARDE CAR ELLE DÉNATURE LES ARÔMES.

SALADE DE HARICOTS BLANCS, POMME ET CÉLERI

SALADE DE HARICOTS BLANCS, POMME ET CÉLERI

Marché pour 4 personnes
Préparation : 10 min   Cuisson : environ 40 min (pour les haricots frais)

400 g de haricots blancs écossés surgelés (ou 800 g de haricots frais à écosser), 1 oignon pelé piqué de 2 clous de girofle, 1 bouquet garni, 2 pommes Granny Smith, 1/2 citron, le petit cœur jaune d'un céleri branche, sel

ÉCOSSEZ les haricots si vous utilisez des frais. Mettez les haricots dans 3 litres d'eau froide avec le bouquet garni et l'oignon. Portez à ébullition et laissez cuire à très petits frémissements 40 min (pour les surgelés procédez selon le mode d'emploi du sachet).

Rincez et séchez les pommes. Coupez-les en petits bâtonnets. Arrosez-les de jus de citron. Lavez le cœur de céleri. Séchez-le. Coupez-le en rondelles dans le sens du biais.

Laissez les haricots refroidir dans le jus de cuisson. Puis égouttez. Retirez l'oignon et le bouquet garni.

Mélangez-les avec les pommes et le céleri. Parsemez-les de sel. Arrosez-les d'huile d'olive. Servez froid.

MV SALEZ AU 2/3 DE LA CUISSON POUR ÉVITER QUE LA COQUE NE DURCISSE.

SALADE DE HARICOTS VERTS AU SIROP D'ÉRABLE

SALADE DE HARICOTS VERTS AU SIROP d'ÉRABLE

Marché pour 4 personnes
Préparation : 15 min   Cuisson : 7 min

320 g de haricots verts, 1/2 sachet de jeunes pousses de salades, 1/2 sachet de pousses germées (alfafa), 1 échalote, gros sel
POUR LA VINAIGRETTE : 2 cuil. à soupe de vinaigre de Xérès, 3 cuil. à soupe d'huile de colza, 2 cuil. à soupe de sirop d'érable, sel fin

COUPEZ les 2 extrémités des haricots verts. Faites-les cuire 7 min dans de l'eau bouillante salée. Égouttez-les aussitôt et plongez-les dans une jatte d'eau avec des glaçons.

Pelez et émincez finement l'échalote.

Préparez la vinaigrette. Mélangez-la aux haricots verts et aux échalotes avec les pousses germées et la salade. Servez aussitôt.

M|V LES HARICOTS VERTS C'EST PLUS SYMPA QUAND ILS RESTENT BIEN VERTS. FAITES LES CUIRE SANS LES COUVRIR ET SITÔT CUITS, PLONGEZ-LES DANS DE L'EAU GLACÉE. RÉUSSITE ASSURÉE.

SALADE DE MÂCHE, CROÛTONS TIÈDES, VINAIGRETTE DE NOISETTE

SALADE DE MÂCHE, CROÛTONS TIÈDES, VINAIGRETTE DE NOISETTE

Marché pour 4 personnes
Préparation : 5 min   Cuisson : quelques minutes

1 sachet de mâche, 8 tranches de pain de mie écroûté
Pour la vinaigrette : 1 cuil. à soupe d'huile d'arachide, 3 cuil. à soupe d'huile de noisette, 1 cuil. à soupe de vinaigre de vin, sel fin

Faites chauffer le gril du four.
Détaillez le pain de mie en bâtonnets. Faites-les griller sous le gril chaud du four.
Préparez la vinaigrette. Mélangez-la à la mâche et parsemez de croûtons encore chaud.

MV Vous pouvez aussi ajouter des noisettes grillées au four à 220° C pendant 5 min puis hachées grossièrement. Parsemez-les chaudes sur la mâche enrobée de vinaigrette.